Bibliografische Information der Deutschen Nationalbibliothek:

Die Deutsche Bibliothek verzeichnet diese Publikation in der Deutschen National-bibliografie; detaillierte bibliografische Daten sind im Internet über http://dnb.d-nb.de/ abrufbar.

Impressum:

Copyright © 2016 GRIN Verlag
Druck und Bindung: Books on Demand GmbH, Norderstedt Germany
ISBN: 9783668372979

Dieses Buch bei GRIN:

https://www.grin.com/document/350602

Alex Yegudinq

Trainingslehre 1. Gesundheitsorientiertes Krafttraining für einen 45-jährigen Mann

Trainingsplanung, Meso- und Makrozyklus

GRIN Verlag

GRIN - Your knowledge has value

Der GRIN Verlag publiziert seit 1998 wissenschaftliche Arbeiten von Studenten, Hochschullehrern und anderen Akademikern als eBook und gedrucktes Buch. Die Verlagswebsite www.grin.com ist die ideale Plattform zur Veröffentlichung von Hausarbeiten, Abschlussarbeiten, wissenschaftlichen Aufsätzen, Dissertationen und Fachbüchern.

Besuchen Sie uns im Internet:

http://www.grin.com/

http://www.facebook.com/grincom

http://www.twitter.com/grin_com

Deutsche Hochschule für

Prävention und Gesundheitsmanagement

Hermann Neuberger Sportschule 3

66123 Saarbrücken

Einsendeaufgabe

Fachmodul:	Trainingslehre I
Studiengang:	Fitnessökonomie
Datum Präsenzphase:	17.10.16 – 20.10.16
Name, Vorname:	Yegudin, Alexander
Studienort:	**München**
Semester:	**WS 15**

Inhaltsverzeichnis

1 Diagnose

Für eine optimale Trainingssteuerung ist eine Diagnose erforderlich. Hierbei werden mit einem Eingangsgespräch alle notwendigen Daten gesammelt, sowie Gesundheitszustand, Zeitbudget und Trainingsmotive festgestellt, um so den aktuellen Ist-Zustand der Person zu ermitteln. Mit Hilfe einer strukturierten Trainingssteuerung wird ein Soll-Zustand angestrebt. Aufgenommen werden sowohl Allgemeine als auch biometrische Daten.

1.1 Allgemeine und biometrische Daten

Tab. 1: Allgemeine und biometrische Daten einer Person

Daten zur Person	Datenwerte
Alter	45 Jahre
Geschlecht	Männlich
Körpergröße	185 cm
Körpergewicht	86 kg
Trainingsmotive	- Rückenschmerzen reduzieren - Kraftsteigerung der Rumpfmuskulatur - Körperfett reduzieren - Muskelaufbau
berufliche Tätigkeit	Busfahrer
frühere sportliche Aktivitäten	- Fahrrad fahren - Hobbymäßig Fussball gespielt
aktuelle sportliche Aktivitäten	- gelegentlich joggen
zeitliche Verfügbarkeit	Dreimal pro Woche je 90 Minuten
Blutdruck	122/70 mmHg
Ruhepuls	65 Schläge pro Minute
allgemeiner Gesundheitszustand	Leichte Rückenschmerzen in LWS-Bereich, keine orthopädischen und internistischen Probleme

Der Blutdruck wurde mit Hilfe eines elektrischen Messgeräts währen der Anamnese erfasst. Die Messung erfolgte an der Innenseite des rechten Handgelenks. Nach Eifler (2016, S. 189) sollte ein normaler Ruheblutdruckwert unter 130 mmHg systolisch und unter 85 mmHg diastolisch liegen. Der somit bei der Person ermittelter systolische Druck von 122 mmHg und der diastolische Druck von 70 mmHg, liegen im optimalen Bereich.

Tab. 2: Blutdruckklassifikation der American Heart Association (modifiziert nach Mancia et al., 2013, Guidelines for the management of arterial hypertension. S. 1286)

Bewertungsstufen	systolischer Blutdruck	diastolischer Blutdruck
Normblutdruck (Normotonie)		
Optimal	unter 120 mmHg	unter 80 mmHg
Normal	unter 130 mmHg	unter 85 mmHg
Hochnormal	130-139 mmHg	85-89 mmHg
Bluthochdruck (arterielle Hypertonie)		
Stufe 1	140 – 159 mmHg	90-99 mmHg
Stufe 2	160-179 mmHg	100-109 mmHg
Stufe 3	> 180 mmHg	> 110 mmHg

Tab. 3: Allgemeiner Gesundheitszustand der Person

Orthopädische / Internistische Probleme	Keine
Medikamenteneinnahme	Keine
Ärztliche Behandlung	Keine
Sonstige Einschränkungen	Keine
Belastbarkeit / Trainierbarkeit der Person	Einsteiger

Die Person hat gar keine Beschwerden und ist gesundheitlich in einem guten Zustand. Bei der Person liegen keine weiteren Erkrankungen vor, außer leichten Schmerzen im unteren Rücken, die auf eine schwache Muskulatur in LWS-Bereich zurückzuführen ist. Bei der Person besteht keine Einschränkung in der Trainierbarkeit, eine Medikamenteneinnahme liegt nicht vor.

1.2 Krafttestung

Ein geeigneter Krafttest für die angegebenen Probanden ist der so genannte X-RM-Test, da dieser Proband eine geringe Erfahrung im Krafttraining hat. Nach Eifler (2016, S. 124) ist das Ziel bei Mehrwiederholungskrafttest nicht die Messung von 1-RM, sondern die Ermittlung des maximal zu bewältigenden Gewichtes.

Bei diesem Testverfahren wird das Trainingsgewicht anhand vorheriger definierten Wiederholungszahl ermittelt. Der X-RM-Test dient zu einem problemlosen Einstieg in den Bewegungsablauf, da die Konzentration auf die Bewegungsausführung gelenkt ist und nicht gleich auf eine Übung, die eine hohe Kraftaufwendung in wenigen Wiederholungen benötigt, wie es bei einem 1-RM-Test zutrifft. Es gibt maximal drei Testsätze pro Übung, wobei in diesen drei Testsätzen das Gewicht gesteigert werden sollte, um die maximale Belastung der Muskulatur zu erreichen. Der Krafttest des Probanden wird mit 20 Wiederholungen pro Satz festgelegt. Wenn der erste Satz mit den gewünschten 20 Wiederholungen mit Leichtigkeit absolviert worden ist, kann der nächste Satz nach subjektivem Empfinden um 5%, 10% oder 25% gesteigert werden (Eifler, 2016, S. 124). Es gibt verschiedene Übungen mit je drei Sätzen um die wichtigsten Muskelpartien des Körpers einstufen zu können. Die Pausen zwischen den Sätzen betragen je 30 Sekunden.

1.2.1 Testablauf

Die Reihenfolge der Übungen im Test wird wie auf dem späteren Trainingsplan sein. Dabei ist zu beachten, dass Übungen von große Muskelgruppen zu kleineren Muskelgruppen ausgeführt werden, von mehrgelenkige Muskeln zu eingelenkige Muskeln, von leichten zur schweren Übungen und von bekannten zu unbekannten Übungen müssen ausgeführt werden (Eifler, 2016, S. 211). Vor dem Test, sollte der Proband ein Aufwärmprogramm absolvieren, um Verletzungen vorzubeugen. Nach dem Aufwärmen, beginnt die richtige Testphase. Wichtig ist außerdem, dass der Proband von Anfang an mit der richtigen Bewegungsgeschwindigkeit trainiert nämlich mit 2/0/2. Das heißt, zwei Sekunden eine exzentrische Bewegung ausführen, keine Sekunde statisch haltend und zwei Sekunden eine konzentrische Bewegung ausführen (Eifler, 2016, S. 246). Das Ziel ist es, dass die letzte Wiederholung geradeso ausführbar ist. Unser Training wird mit einem Kraftausdauertraining starten. Da es sich hier um einen Beginner handelt, würde bei der ILB-Methode von Kraftausdauertraining eine Wiederholungsanzahl zwischen von 15-30 liegen (Eifler, 2016, S. 161).

Die erste Übung für den Probanden ist die Beinpresse horizontal sitzend. Hier schaffte der Proband in seinem ersten Testsatz 65 kg in 15 Wiederholungen. Im zweiten Testsatz schaffte der Proband 80 kg in 15 Wiederholungen. In seinem dritten Testsatz schaffte der Proband 90 kg in 15 Wiederholungen. Somit ist das Ergebnis bei der Beinpresse horizontal sitzend beträgt 90 kg.

Bei dem Beinbeuger schaffte der Proband im ersten Testsatz 20 kg in 15 Wiederholungen. Im zweiten Testsatz schaffte er 25 kg in 15 Wiederholungen und im dritten Testsatz schaffte der Proband 30 kg in 15 Wiederholungen. Somit lautet das Ergebnis 30 kg an dem Beinbeuger.

Die dritte Übung für den Probanden ist die Brustpresse sitzend. Hier schaffte der Proband im ersten Testsatz 55 kg in 15 Wiederholungen. Im zweiten Testsatz schaffte er 65 kg in 15 Wiederholungen und im dritten Testsatz beendete der Proband nach 10 Wiederholungen mit 70 kg. Das Ergebnis ist 65 kg bei Bankdrücken an der Maschine.

Beim Latzug vertikal zum Nacken hat der Proband im ersten Testsatz 30 kg in 15 Wiederholungen geschafft. Im zweiten Satz schaffte er 35 kg in 15 Wiederholungen. Im letzten Testsatz hat der Proband 45 kg in 15 Wiederholungen geschafft. Das Ergebnis ist 45 kg bei dem Latzug.

Die fünfte Übung ist die Rückenstreckmaschine. Im ersten Testsatz hat der Proband 45 kg in 15 Wiederholungen geschafft. Im zweiten Satz schaffte er 50 kg in 15 Wiederholungen und im dritten Testsatz beendete der Proband nach 8 Wiederholungen mit 55 kg. Das Ergebnis ist 50 kg bei Rückensteckmaschine.

Die letzte Übung ist die Bauchmaschine. Im ersten Testsatz schaffte der Proband 18 kg in 15 Wiederholungen. Im zweiten Testsatz schaffte er 25 kg in 15 Wiederholungen und im dritten Testsatz schaffte der Proband 30 kg 15 Wiederholungen. Das Ergebnis lautet für die Bauchmaschine 30 kg.

Tab. 4: Testergebnisse

Testübung	Wieder-holungen	1 Testsatz	2 Testsatz	3 Testsatz	Ergeb-nis
Beinpresse sitzend	15	65 kg	80 kg	90 kg	90 kg
Beinbeuger	15	20 kg	25 kg	30 kg	30 kg
Brustpresse sitzend	15	55 kg	65 kg	/	65 kg
Latzug vertikal sitzend	15	30 kg	35 kg	45 kg	45 kg
Rückenstreckermaschine	15	45 kg	50 kg	/	50 kg
Bauchmaschine	15	18 kg	25 kg	30 kg	35 kg

1.2.2 Schlussfolgerung

Durch Ergebnisse des Krafttestes kann man einschätzen, welche Gewichte im Trainingsplan von dem Busfahrer gewählt werden müssen. Der Test zeigt auch die Anfangswerte des Probanden, so kann man gezielt an der Muskulatur des Probanden arbeiten und am Ende des Makrozyklus den X-RM-Test nochmal durchführen, um zu sehen wie der Kraftzuwachs des Probanden sich verändert hat. Für einen Kunden ist es auch eine Motivation, sich zu verbessern und seine Ziele schneller zu erreichen. Die Führung eines Trainingsplanes bittet eine exzellente Möglichkeit, eine Dokumentation von Leistungsentwicklung zu erstellen. Hier wird man erkennen wie eine Entwicklung der Gewichtssteigerung sich ändert. Durch den Krafttest kann man den Probanden unter eine Leistungsstufe einordnen.

Tab. 5: Leistungsstufen (modifiziert nach Eifler, 2016, Studienbrief Trainingslehre I, S. 160)

Leistungsstufe	Intensität in % ILB
Orientierungsstufe	Gering
Beginner	50 – 70 %
Geübter	60 – 80 %
Fortgeschrittener	70 – 90 %
Leistungssportler	80 – 100 %

2 Zielsetzung / Prognose

In der Anamnese wurden Ziele vom Probanden im Einzelnen durchgesprochen. Im Vordergrund des Probanden stehen eine Linderung der Rückenschmerzen, Kraftsteigerung der Rumpfmuskulatur sowie Reduzierung des Körperfettanteils. Auf der Grundbasis der Ziele des Kunden und zuvor ermittelten Daten wurden in der folgenden Tabelle drei Ziele festgelegt.

Tab. 6: Biometrische und sportmotorische Ziele des Probanden

Inhalt	Ausmaß	Zeit
1. Rückenschmerzen lindern	von 8 auf 4 (Schmerzskala)	2 Monate
2. Kraftsteigerung der Rumpfmuskulatur	30 % mehr Rückenstrecker im nächsten X-RM-Test	6 Monate
3. Körperfett reduzieren	5 kg	6 Monate

2.1 Begründung

Das erste Trainingsziel des Probanden ist die Linderung der Rückenschmerzen im LWS- Bereich. Durch das permanente sitzen im Bus als Busfahrer ist der LWS-Bereich stark belastet und weißt hierbei auch die Schmerzen auf. Eine Reduzierung der Schmerzskala von 8 auf 4 sollte innerhalb der ersten zwei Monate erfolgen. In diesem Bereich ist der Busfahrer uneingeschränkt trainierbar.

Da Aufgrund seiner sitzenden Tätigkeit im Beruf weist die Testperson eine schwach ausgebildete Rumpfmuskulatur auf. Das zweite Ziel des Probanden ist die Kraftsteigerung der Rumpfmuskulatur um 30 % und das dadurch bessere Abschneiden beim Rückenstrecker im nächsten X-RM-Test. Gleichzeitig bringt dieses Ziel auch positive Effekte in Bezug auf das erste Ziel mit sich. In diesem Bereich ist der Proband uneingeschränkt.

Das letzte Trainingsziel des Busfahrers ist die Reduzierung des Körperfetts. Da eine Körperfettreduktion um 250-500 g pro Woche realistisch ist (Eifler, 2016, S. 42), wird bei der Testperson eine Senkung des Körperfettanteils um 5 kg innerhalb der nächsten 6 Monate anvisiert. Nach Angaben der allgemeinen Daten wiegt der Busfahrer 85 kg bei einer Größe von 185 cm, das heißt sein Body-Mass-Index beträgt 24,8, also ein normales Gewicht (Luppa, 2016, S. 23). In diesem Bereich ist der Proband auch hier uneingeschränkt trainierbar.

3 Trainingsplanung Makrozyklus

Makrozyklus ist eine langfristige Trainingsplanung für das Krafttraining und besteht aus mehreren Mesozyklen, der in inhaltlichen, didaktisch-methodischen und belastungsmäßigen Grundstrukturen wiederkehrt und die sportliche Leistungsfähigkeit immer auf höherem Niveau zum Ziel hat (Schnabel, Harre, & Barde, 1997, S. 323). Nach Eifler (2016, S. 33) umfasst der Makrozyklus je nach Trainingszielen und Leistungsniveau eine Dauer von mehreren Monaten bis zu einem Jahr.

3.1 Makrozyklusdarstellung

Tab. 7: Trainingsplanung eines Makrozyklus für ein Beginner

	Mesozyklus I	Mesozyklus II	Mesozyklus III	Mesozyklus IV
Dauer	6 Wochen	8 Wochen	8 Wochen	4 Wochen
Trainingsmethodik	Kraftausdauer	Hypertrophie (extensiv)	Hypertrophie (intensiv)	Maximalkraft
Häufigkeit pro Woche	3-mal pro Woche	3-mal pro Woche	3-mal pro Woche	3-mal pro Woche
Organisationsform	GK / Station	GK / Station	GK / Station	GK / Station
Übungen pro Muskelgruppe	1-2	2	2	1
Sätze pro Übung	3 Sätze	3 Sätze	3 Sätze	2 Sätze

Satzpausen	60 sek.	60 sek.	60 sek.	2 min
Wiederholungs-zahl	15	12	10	6
Intensitäten	50 % - 70 % 50/55/60/65/70	50 % - 70 % 50/55/60/65/70	60 % - 80% 60/65/70/75/80	80 % - 100 % 80/85/90/95/100
Bewegungstempo / TUT	2-0-2	2-0-2	2-0-2	3-0-1

3.1.1 Begründung der Trainingsmethode

Da es bei dem Probanden um einen Beginner handelt, wurde eine progressive Belastungssteigerung gewählt. Wir fangen mit Kraftausdauer an, um eine Grundlage für das Krafttraining zu legen, damit man auf diese weiter aufbauen kann. Die Belastung darf zuerst nicht so hoch sein, denn der gesamte Bewegungsapparat muss sich an die Belastung gewöhnen. Aus diesem Grund kann man es nicht sofort mit hohen Gewichten arbeiten. Die Muskeln und die Knochen müssen an die Belastung angepasst werden und das macht man mit einem extensivem Hypertrophietraining. Mit einem intensivem Hypertorphietraining soll speziell Muskulatur aufgebaut werden, damit der Proband seine Rückenmuskulatur stärken kann. Danach soll ein Maximaltraining folgen, die Intensität wird gesteigert auf das Maximum. Dies erfolgt vier Wochen lang.

3.1.2 Begründung der Belastungsparameter

Am Anfang soll der Proband in das Krafttraining eingeführt werden. Nach den ersten 14 Wochen wird die Intensität gesteigert. Nach nochmals 12 Wochen steigert der Proband erneut seine Intensität, da er nun die korrekte Ausführung der Bewegungen kennt. Die Häufigkeit des Trainings sind drei Einheiten pro Woche, mit je zwei Übungen pro Muskelgruppe, bei Maximalkraft nur eine Übung pro Muskel und mit je drei Sätzen bzw. bei Maximalkraft nur zwei Sätze völlig ausreichend, um den Muskel zu ermüden und um ein Trainingserfolg zu erzielen. Die ersten sechs Wochen werden 15 Wiederholungen durchgeführt, danach bei Muskelaufbau zuerst 12 und danach zehn da die Intensität größer wird. Nach Güllich und Schmidtbleicher (1999, S. 232) sollte zwischen den jeweiligen Sätzen eine Pause von 60 Sekunden geben, da dies zu besserer Kraftausdauer führt. Die Belastungsparameter sind in ersten beiden Mesozyklen konstant gleich. Ab dem dritten Mesozyklus wird die Intensität gesteigert, da die Trainingsperson gesundheitlich in einwandfreien Zustand befindet, deswegen müssen auch keine größeren Pausen zwischen den Trainings gerechnet werden. Der Trainingsfortschritt wird erhöht.

Nach Eifler (2016, S. 211) sollte die Gesamtlänge der Trainingseinheit mit Auf- und Abwärmungsphase nicht über 60 Minuten dauern.

3.1.3 Begründung der Organisationsform

Als Organisationsform wurde ein Ganzkörpertraining an Stationen in allen vier Mesozyklen gewählt. Für den Einsteiger ist dies eine optimale Methode, um seinen ganzen Körper gleichmäßig und besser zu trainieren. Mit der Methode wird Agonist und Antagonist gleichzeitig trainiert. Neben bei lindert er schon Rückenschmerzen und stabilisiert seine Rumpfmuskulatur. Später wird der Proband muskelgruppenspezifisch trainieren. Gegen einen Split-Plan spricht, dass man an unterschiedlichen Tagen, unterschiedliche Muskelgruppen trainiert, also wäre die Reizsetzung für einen Muskel nur einmal in der Woche und das ist für einen Muskel zu wenig ist (Eifler, S. 2-3). Deswegen wird ein Ganzkörpertraining bevorzugt.

3.1.4 Begründung der Periodisierung

Der Makrozyklusplan umfasst beim Busfahrer 26 Wochen und ist in vier Mesozyklen unterteilt. Da von Mesozyklus zu Mesozyklus eine progressive Steigerung der Intensitäten erfolgt und eine Reduktion der Wiederholungszahlen besteht spricht man von einer linearen Periodisierung. Dies ist nötig um nicht auf der Stelle zu bleiben, sondern die Leistung der Muskeln zu steigern. Die Kraftausdauer Mesozyklen dauert sechs Wochen, die zwei Hypertrophie Mesozyklen dauern jeweils acht Wochen und die Maximalkraft Mesozyklus geht vier Wochen lang. Da beim Probanden der Fokus auf Stabilisation der Rumpfmuskulatur liegt, werden die zwei Hypertrophiezyklen zwei Wochen länger durchgeführt als die Kraftausdauer. Das heißt aber nicht, dass die Kraftausdauer und der Maximalkraftzyklus weniger wichtig sind.

Der Busfahrer fängt mit einem Kraftausdauerzyklus an. Es ist wichtig ein Kraftausdauertraining zu absolvieren, um später die Muskulatur und Knochen auf die Hypertrophie und Maximalkrafttraining vorzubereiten.

Nach Kraftausdauer folgen die zwei Hypertrophiezyklus. Der Unterschied zwischen den beiden Hypertrophiezyklen ist, dass sie mit einer anderen Intensität erfolgen. Somit kann im zweiten Hypertrophiezyklus ein höherer Reiz gesetzt werden, als im ersten Hypertrophiezyklus.

Im vierten und letzten Mesozyklus folgt das Maximalkrafttraining. Die Intensität ist in diesem Zyklus am größten, deswegen ist er nach Kraftausdauer und Hypertrophiezyklen dran. „Die Maximalkraft stellt die höchstmögliche Kraft dar, die das Nerv-Muskel-System bei maximaler willkürlicher Kontraktion auszuüben vermag" (Weineck, 2004, S. 237). Nach Eifler (2016, S. 60) kommt es bei der Entwicklung der Maximalkraft auf möglichst viele Muskelfasern an. Je höher der Anteil der Typ-II-Fasern, desto höher die Maximalkraft (Eifler, 2016, S. 60). Das ist sehr wichtig für weitere Perioden, da somit größere und neue Belastungsreize in verschiedenen Zyklen gesetzt werden können.

4   Trainingsplanung Mesozyklus

Tab. 8: Mesozyklusplanung Kraftausdauertraining

Leistungsstufe: Beginner	Trainingseinheiten: 3-mal pro Woche
Organisationsform: Ganzkörper	Trainingsziel: Kraftausdauertraining
Dauer: 6 Wochen	Sätze: 3
Übungen pro Muskelgruppe: 1 - 2	Satzpausen: 60 sek
Bewegungstempo / TUT: 2-0-2	Wiederholungen: 15

Der Mesozyklus vom Kraftausdauertraining dauert 6 Wochen und beinhaltet je drei Trainingseinheiten pro Woche. Jede Muskelgruppe bekommt eine bis zwei Übungen die in drei Sätzen zu je 15 Wiederholungen durchgeführt wird. Zwischen den Sätzen werden Pausen von je 60 Sekunden eingelegt. Die Intensität beträgt 50% - 70%. Die Bewegung wird zwei Sekunden exzentrisch, ohne Halten am Umkehrpunkt, sowie zwei Sekunden konzentrisch durchgeführt.

Tab. 9: Übungsdarstellung eines Mesozyklus

Übungen	WH	ILB-Test	Woche 1 50 % ILB	Woche 2 50 % ILB	Woche 3 55 % ILB	Woche 4 60 % ILB	Woche 5 65 % ILB	Woche 6 70 % ILB
Beinpresse sitzend	15	90 kg	45 kg	55 kg	60 kg	65 kg	70 kg	75 kg
Beinbeuger sitzend	15	30 kg	15 kg	15 kg	20 kg	25 kg	30 kg	35 kg
Brustpresse sitzend	15	65 kg	32,5 kg	35 kg	40 kg	45 kg	50 kg	55 kg
Latzug vertikal	15	45 kg	22,5 kg	30 kg	35 kg	40 kg	45 kg	50 kg

Rücken-streckma-schine	15 50 kg	25 kg	27,5 kg	30 kg	35 kg	40 kg	45 kg
Bauchma-schine	15 35 kg	17,5 kg	25 kg	30 kg	35 kg	40 kg	45 kg

4.1 Begründung der Übungsauswahl

Der Trainingsplan wurde auf sieben Maschinen begrenzt, da die Maschineneinstellung gelernt werden muss und eine korrekte Ausführung der Übungen gewährleistet sein muss. Deswegen habe ich mich für das maschinengeführte Training entschieden. Mit den Maschinen werden die Übungen schneller erlernt und bei den Probanden zeichnen sich die ersten Erfolgserlebnisse ab (Eifler, 2016, S. 185). Individuelle Einstellung an Maschinen ermöglicht eine geringere Übungsvarianz, dadurch kommt es zu weniger Verletzungsgefahr bei der Übungsausführung und die Muskelgruppen können besser isoliert trainiert werden (Eifler, 2016, S. 185). Hier handelt sich um einen Beginner, den man nicht überlasten möchte. In einer Trainingseinheit werden alle wichtigen Muskelgruppen des Körpers trainiert mit je zwei Übungen. Nur der Bauch bekommt eine Übung, da er bei vielen Übungen zur Stabilisation dient und dadurch mit dabei ist. Bevor man überhaupt mit Übungen beginnt, sollte ein allgemeines Aufwärmen stattgefunden haben, da sich die „Betriebstemperatur" des Körpers erhöht (Eifler, 2016, S. 245). Beim Speziellen Aufwärmen sollten die beteiligten Muskelgruppen und die Gelenkstrukturen sollten aktiviert und stimuliert werden (Eifler, 2016, S. 245).

4.1.1 Beinpresse und Beinbeuger

Gestartet wird mit der Beinpresse, weil die Übung sehr komplex ist. Die Beinpresse ist eine optimale Übung für den gesamten unteren Bewegungsapparat. Da der Proband ein Busfahrer ist sitzt er den ganzen Tag und hat wenig Bewegung in den Beinen was sehr schlecht für den Herz-Kreislauf sein kann. Bei der Beinpresse wird das Herz-Kreislaufsystem sofort beansprucht. Der größte Teil der Muskulaturarbeit wird vom M. quadriceps femoris geleistet, der für die Kniestreckung verantwortlich ist. Die ischio-cruale Muskulatur, M. glutaeus maximus und M. bicps femoris, caput longum bewirken bei der Übung eine Hüftstreckung und sind auch an der Bewegungsausführung beteiligt (DHfPG, 2010, S. 140). Beinpresse wird vor Beinbeuger ausgeführt, da die Beinpresse eine mehrgelenkige Übung und koordinativ anspruchsvoll ist. Als zweite Maschine folgt die Beinbeugemaschine sitzend, die die ischiocrurale M. biceps femoris und M. gastrocnemius stärken soll, um eine Dysbalance zwischen M. quadriceps femoris und M. biceps femoris zu verhindern (DHfPG, 2010, S. 151). Wenn man Agonisten und Antagonisten nicht gleichmäßig trainiert, kann es zu Verletzungen des schwächeren Antagonisten kommen.

4.1.2 Brustpresse sitzend

Nach den beiden Beinübungen, kommt eine Übung für die Brustmuskulatur. Die Brustpresse ist eine mehr gelenkige Übung. Bei der Brustpresse werden Articulatio humeri und Articulatio cubiti belastet. Diese Übung wäre auch im Freihantelbereich möglich, aber da der Busfahrer ein Beginner ist, ist Freihantelbereich zu anspruchsvoll für Ihn. Die Brustpresse ist eine nicht so große Herausforderung, wie das Freihanteltraining und ist für den Probanden geeignet. Die Brustpresse trainiert dynamisch M. deltoideus, pars clavicularis, M. triceps brachii, M. trapezius und M. pectoralis major (DHfPG, 2010, S. 11). Diese werden bei komplexen Übungen mi trainiert.

4.1.3 Latzug vertikal zum Nacken

Als nächstes folgt der Latzug, der für Beginner geeignet ist. Die Oberschenkel sind fest fixiert. Der Oberkörper befindet sich unter einer Zugvorrichtung. Der Blick richtet sich nach vorn. (DHfPG, 2010, S. 30). Hauptbeteiligte Muskeln bei dynamischer Übung sind hierbei der M. latissimus dorsi, der M. teres major, der M. trapezius, pars ascendens, der M. deltoideus,pars spinata, der M. biceps brachii, M. brachialis und M. brachioradialis (DHfPG, 2010, S. 30).Der Latzug ist eine gute Übung für den Beginner, um den oberen Rücken zu kräftigen. Bei den Brustpresse wurde der M. trapezius mittrainiert und bei dieser Übung werden die Oberarmflexoren mitbeteiligt, was dazu führ das keine Dysbalancen entstehen. Diese Übung wird ebenfalls als komplex gesehen, da das S Articulatio humeri und Articulatio cubiti arbeiten und somit steht der Latzug in der didaktischen Reihenfolge der Rückenübungen am Anfang. Da der Busfahrer Rückenprobleme hat, muss er diese Übung ausführen um seine Rückenmuskulatur zu stärken, der Oberkörper gewinnt durch diese Übung an Masse und Volumen.

4.1.4 Rückenstreckmaschine

Als nächstes erfolgt die Kräftigung der unteren Rückenmuskulatur. Der Proband wird die Rückenstreckmaschine nutzen. Dies ist eine eingelenkige Übung, die die Streckung des Rückens verlangt. Die dynamisch beteiligte Muskulatur ist dabei der M. erector spinae. Eine ähnliche Übung ist der Rückenstrecken an der 45° Bank, bei der die Beinmuskulatur auch dynamisch wirkt und dabei der M. erector spinae statisch arbeitet (DHfPG, 2010, S. 51). Bei dieser Übung wird der Rückenstrecker isoliert dynamisch trainiert. Das ist ein Vorteil für den Probanden, da er ein Beginner ist.

4.1.5 Bauchmaschine

Das letzte Gerät ist die Bauchmaschine. Die Bauchmaschine trainiert den Gegenspieler vom Rückenstrecker. Die in Anspruch genommenen Muskeln sind M. rectus abdominis, M. obliquus externus abdominis, M. obliquus internus abdominis und M. transversus abdominis, was für den Probanden sehr nützlich ist, da er bei dieser Übung auch seinen Rumpf stabilisiert, was zur besseren Haltung führt. Diese Bauchübung stellt das Gegenstück zu der Übung des Rückenstreckens dar. Durch die Zusatzgewichte kann hier die Belastung exakter dosiert werden. Die Übung ist koordinativ anspruchsvoll, da das bewusste Einrollen des Oberkörpers gegen das Polster sehr viel Bewegungsgefühl erfordert (DHfPG, 2010, S. 115).

5 Literaturrecherche

Der Verfasser hat sich mit den Effekten des Krafttrainings bei Diabetes mellitus Typ-2 befasst und sie in zwei Tabellen dargestellt.

Die erste Studie befasste sich mit dem Thema Langzeiteffekte eines 6-monatigen Krafttrainings in Kombination mit Reha-Sport bei Diabetes mellitus Typ 2 (Zeissler, et al., 2009).

Die erste Studie befasste sich mit dem Thema Different types of resistance training in type 2 diabetes mellitus: effects on glycaemic control, muscle mass and strength (Egger, et al., 2012).

Tab. 10: Wiedergabe der ersten Studie zum Thema Krafttrainings in Kombination mit Reha-Sport bei Diabetes mellitus Typ 2

	1. Studie
Autor	- Zeissler, S.; Hellmann, S., Bauer, P., Streicher, H., Walscheid, R., French, T., Rechner, M., Hillebrecht, A.; - Institut für Gesundheitssport und Public Health; Universität Leipzig;

	Sportmedizin, JL- Universität Gießen; MVZ für Laboratoriumsmedizin Koblenz; Faculty of Physical Education and Sports, Comenius University, Bratislav, Slovakia
Erscheinungsjahr	2009
Versuchspersonen	55 Patienten mit Diabetes mellitus Typ 2
Versuchsaufbau	Aufteilung in 2 Gruppen. Gruppe 1: absolvierte einen Kraft-Ausdauer-Zirkel mit anschließe dem Placebo-Reha-Sport-Training (5 min Gehen und Gesprächskreis) zweimal pro Woche. Gruppe 2: trainierte an selbigem Kraft-Ausdauer-Zirkel mit anschließendem zertifizierten internistische, Reha-Sport-Training zweimal pro Woche. Kraftausdauerzirkel wurde von beiden Gruppen mit zwei Serien durchlaufen. 18 Monate hat das gedauert. An 19 Probanden erfolgte eine Follow-Up-Messung mit der Variablen HbA1c, Rumpfflexion,-extension, BMI. Für den Follow-Up-Zeitraum gab es keine Trainingsvorgaben.
Schlussfolgerung	*HbA1c = Glykohämoglobin (Blutzuckerwert) Durch eine intensiv betreute sechsmonatige Kraft-Ausdauersport-Intervention lassen sich verschiedene Stoffwechsel- und Leistungsvariablen auch langanhaltende positive Effekte nachweisen. Effekt eines internistischen Reha-Sports sollte daher bei verändertem Trainingsprotokoll weiter untersucht werden, um eine optimale Therapie für Patienten mit Diabetes mellitus anbieten zu können. - HbA1c – Wert von 7.00 auf 6.89 verändert (GR 1) innerhalb des 6-monatigen Interventionszeitraumes sowie nach 18-monatigen Interventionsende mittels teilnehmenden Probanden (Placebo-Reha-Sport) - HbA1c – Wert von 6.69 auf 6.86 verändert (GR 2) innerhalb des 6-monatigen Interventionszeitraumes sowie nach 18-monatigen Interventionsende mittels teilnehmenden Probanden (Reha-Sport-Training).

Tab. 11: Wiedergabe der zweiten Studie zum Thema Different types of resistance training in type 2 diabetes mellitus: effects on glycaemic control, muscle mass and strength

	2. Studie
Autor	- Egger A., Niederseer D., Diem G., Finkenzeller T., Ledl-Kurkowski E., Forstner R., Pirich C., Patsch W., Weitgasser R. and Niebauer J.; - University Institute of Sports Medicine, Prevention and Rehabilitation, Paracelsus Medical University Salzburg, Austria; University Insti-

15

	tute of Radiology, Paracelsus Medical University, Salzburg; University Hospital, Clinic of Endocrinology and Diabetology, Paracelsus Medical University, Salzburg;
Erscheinungsjahr	2012
Versuchspersonen	32 Probanden (13 Männer und 19 Frauen) mit dem Krankheitsbild Diabetes mellitus Typ-2. Durchschnittsalter beträgt 64,8 +- 7,8 Jahre.
Versuchsaufbau	Trainiert wurde nach zufälliger Auswahl entweder in einem 8-wöchigen HRT- (2 Sätze pro Übung mit 10-12 Wiederholungen bei 70% der 1–RM maximalen Anstrengung) oder einem 8-wöchigem ERT-Trainingsprogramm (2 Sätze pro Übung mit 25-30 Wiederholungen bei 40% der 1-RM maximalen Anstrengung). Zusätzlich hatte jeder Proband Aerobic Training, je eine Stunde pro Tag an zwei nicht aufeinanderfolgenden Tagen in der Woche
Schlussfolgerung	Nach acht Wochen gab es keine Gruppeneffekte für reduzierte Glukose und Fruktoseaminspiegel, sowie Gewicht, BMI, Taillenumfang, subkutanes Bauchfett, Ruhe-Herzfrequenz, systolischen und diastolischen Blutdruck. Die Muskelmasse der Arme und die körperliche Bewegungskapazität wurden deutlich erhöht. Außerdem stieg die Maximalkraft der Brust beim HRT stärker an als beim ERT. Die Blutzucker-werte, Taillenumfang, Gewicht, Muskelmasse und die körperliche Leistungsfähigkeit zeigten keine Unterschiede zwischen den Trainingsmethoden. Daher kann jeder nach seinen eigenen Vorlieben die Trainingsmethode auswählen.

6 Literaturverzeichnis

DHfPG. (2010). *Übungskatalog gerätegestütztes Krafttraining.* Saarbrücken: Deutsche Hochschule für Prävention und Gesundheitsmanagement.

Egger, A., Niederseer, D., Diem, G., Finkenzeller, T., Ledl-Kurkowski, E., Forstner, R., . . . Niebauer, J. (2012). *European Journal of Preventive Cardiology.* Abgerufen am 31. Oktober 2016 von http://dresh.net/DMS/2-20120913-093124.pdf

Eifler, C. (2016). *Studienbrief Medizinische Grundlagen.* Saarbrücken: Deutsche Hochschule für Prävention und Gesundheitsmanagement.

Eifler, C. (2016). *Studienbrief Trainingslehre I.* Saarbrücken: Deutsche Hochschule für Prävention und Gesundheitsmanagement.

Eifler, C. (kein Datum). *Presseinformation Fachartikel Trainingswissenschaften/Fachbegriffe.* (D. H. Gesundheitsmanagement, Hrsg.) Abgerufen am 28. Oktober 2016 von http://www.dhfpg.de/fileadmin/files/news/Fachartikel/fachartikel_tw_fachbegriffe_e.pdf

Güllich, A., & Schmidtbleicher, D. (1999). Struktur der Kraftfähigkeiten und ihrer Trainingsmethoden. *Deutsche Zeitschrift für Sportmedizin*, 223-234. Abgerufen am 27. Oktober 2016 von http://www.zeitschrift-sportmedizin.de/fileadmin/content/archiv1999/Heft0708/1999_07-08_KRAFTFAEHIGKEITEN.pdf

Luppa, D. (2016). *Studienbrief Ernährung I.* Saarbrücken: Deutsche Hochschule für Prävention und Gesundheitsmanagement.

Schnabel, G., Harre, D., & Barde, A. (1997). *Trainingswissenschaft. Leistung, Training Wettkampf.* Berlin: Sprotverlag.

Weineck, J. (2004). *Optimales Training: Leistungsphysiologische Trainingslehreunter besonderer Berücksichtigung des Kinder- und Jugendtrainings.* Balingen: Spitta Verlag.

Zeissler, S., Hellmann, S., Bauer, P., Streicher, H., Walscheid, R., Frech, T., . . . Hillebrecht, A. (2009). *Diabetes-sport.* Abgerufen am 31. Oktober 2016 von http://www.diabetes-sport.de/_media/media/puplikationen/studie_2_sportaerztekongress_2013.pdf

7 Abbildungs- und Tabellenverzeichnis

7.1 Tabellenverzeichnis